"ECCO LE 10 MERAVIGLIE ITALIANE DA NON PERDERE:

Una Guida Per Viaggiatori Curiosi".

La guida turistica italiana

INDICE

8) La Sicilia: Un'isola ricca di storia, cultura e cucina, con paesaggi mozzafiato

9) Le Cinque Terre: Cinque pittoreschi villaggi sulla costa ligure, patrimonio dell'umanità UNESCO

10) La Valle d'Aosta: Una regione montuosa piena di attività all'aria aperta e di artefatti romani

11) Conclusione: Come combinare queste destinazioni in un viaggio indimenticabile in Italia e alcune altre risorse utili per i viaggiatori

CAPITOLO 1 - INTRODUZIONE:

Perché visitare l'Italia e come utilizzare questa guida

L'Italia è una terra di storia, cultura, bellezza e tradizione. Con la sua architettura affascinante, la sua cucina deliziosa, i suoi paesaggi mozzafiato e la sua gente ospitale, è una destinazione popolare per i viaggiatori di tutto il mondo. In questo libro, vi porteremo in un viaggio attraverso le 10 meraviglie italiane che non dovreste assolutamente perdere.

Dall'antica città di Roma all'affascinante città di Venezia, dall'imponente Duomo di Firenze alla romantica città di Verona, ogni città italiana ha la sua unicità e il suo fascino. La scelta delle 10 meraviglie non è stata facile, ma siamo sicuri che vi lasceranno senza fiato.

Ogni capitolo si concentrerà su una singola meraviglia e vi fornirà informazioni dettagliate sulla storia, le attrazioni principali e i luoghi nascosti che non trovereste facilmente nelle guide turistiche.

Vi daremo anche suggerimenti utili per aiutarvi a pianificare il vostro viaggio e vi racconteremo alcune curiosità interessanti che vi faranno innamorare ancora di più dell'Italia.

Se siete viaggiatori curiosi e avventurosi, pronti a scoprire i tesori nascosti dell'Italia, allora questo libro è per voi. Siamo pronti a partire alla scoperta delle 10 meraviglie italiane da non perdere, siete pronti ad unirvi a noi?

CAPITOLO 2 - ROMA:

La città Eterna e i suoi tesori antichi

Roma è la capitale d'Italia e una delle città più antiche del mondo. E stata la sede del potere dell'Impero Romano, il centro della Chiesa Cattolica e la culla della cultura italiana. Ogni angolo di questa città racconta una storia, dalle strade in ciottoli al Colosseo, dai fori imperiali alle chiese barocche.

Cosa vedere:

Il Colosseo, noto anche come Anfiteatro Flavio, è un'opera d'ingegneria senza precedenti che ha resistito per oltre 2000 anni. Fu costruito nel periodo compreso tra il 70 e l'80 d.C. sotto l'imperatore Vespasiano, e fu poi completato dal figlio Tito .

Il Colosseo è il più grande anfiteatro mai costruito e ha una capacità stimata di circa 50.000 persone. Era utilizzato per gli spettacoli pubblici, tra cui i combattimenti tra gladiatori, le cacce di animali e le rievocazioni di battaglie storiche.

L'edificio ha subito molti danni e crolli nel corso dei secoli, ma è ancora possibile ammirare l'impressionante struttura in pietra e mattoni che lo costituisce. Una visita al Colosseo può includere una passeggiata lungo i corridoi sotterranei dove i gladiatori e gli animali erano tenuti prima degli spettacoli, e una vista panoramica sulla città di Roma dall'alto dei gradoni.

Oggi il Colosseo è uno dei monumenti più visitati al mondo e rappresenta un simbolo della grandezza e della potenza dell'Impero Romano.

Il Foro Romano è uno dei siti archeologici più importanti di Roma e uno dei luoghi più affascinanti da visitare per i viaggiatori curiosi. Situato tra il Campidoglio e il Colosseo, era il centro politico e commerciale della città durante l'antica Roma.

Il Foro Romano era una grande piazza pavimentata circondata da templi, basiliche, edifici pubblici e negozi. Qui si svolgevano importanti attività commerciali, sociali e religiose. Ogni edificio del Foro ha la sua storia unica e la sua bellezza, e camminando tra le rovine, si può ammirare l'imponente architettura romana.

Tra le attrazioni principali del Foro Romano si possono trovare il Tempio di Saturno, il Tempio di Vesta, l'Arco di Tito e la Basilica di Massenzio. La Basilica di Massenzio è uno dei luoghi più imponenti del Foro, con i suoi enormi archi e le sue maestose colonne.

Inoltre, ci sono anche diversi musei sul Foro Romano, come il Museo del Foro Romano e il Museo Palatino, dove è possibile vedere reperti archeologici e opere d'arte che testimoniano la vita dell'antica Roma.

In sintesi, il Foro Romano è un luogo da non perdere per chiunque visiti Roma. La sua importanza storica, la bellezza architettonica e la sua atmosfera suggestiva lo rendono una tappa imprescindibile per chiunque voglia scoprire la storia e la cultura dell'antica Roma.

Il Pantheon è un luogo di grande importanza storica e artistica, ed è uno dei monumenti più ammirati e visitati di Roma. Il suo nome deriva dal greco pan (tutti) e theon (divinità), il che significa che il tempio era dedicato a tutti gli dei dell'Olimpo.

Il Pantheon fu costruito nel 27 a.C. dall'imperatore Augusto, ma il tempio che vediamo oggi risale al 120 d.C. ed è il risultato della ricostruzione fatta dall'imperatore Adriano. Durante i secoli successivi, il Pantheon subì varie modifiche e fu utilizzato anche come chiesa cristiana, come dimostra la presenza di alcune tombe di importanti personaggi storici, tra cui il famoso pittore Raffaello Sanzio.

L'elemento più impressionante del Pantheon è la sua cupola, che è la più grande mai costruita in muratura senza l'ausilio di supporti interni. La cupola ha un diametro di 43,3 metri ed è alta circa 43,5 metri, e il suo spessore diminuisce man mano che si sale verso la sommità, rendendola più leggera. La luce entra attraverso un'apertura circolare, chiamata oculo, al centro della cupola, e crea un effetto di luce sorprendente all'interno del tempio.

L'interno del Pantheon è costituito da un'unica navata circolare, circondata da un'ampia fascia di colonne di marmo. La pavimentazione è in marmo e granito, e al centro della navata c'è un grande altare sormontato da una croce. Le pareti del Pantheon sono decorate con opere d'arte e iscrizioni commemorative.

Il Pantheon è un monumento di grande bellezza e fascino, che rappresenta uno dei più grandi tesori dell'arte e dell'architettura romana. La sua cupola e la sua architettura sono state fonte di ispirazione per molti artisti e architetti nel corso dei secoli, ed è ancora oggi una meta ambita per i visitatori che vogliono ammirare l'arte e la storia dell'antica Roma.

La Fontana di Trevi è una delle attrazioni turistiche più popolari di Roma e del mondo intero. La sua costruzione risale al XVIII secolo, quando il Papa Clemente XII indisse un concorso pubblico per la sua realizzazione. La fontana, situata al centro di una piccola piazza, presenta una statua di Nettuno che domina l'intera scena.

Secondo la tradizione, chiunque getta una moneta nella fontana di Trevi tornerà a Roma. Questo gesto è diventato così popolare che ogni anno vengono raccolte decine di migliaia di euro dalle acque della fontana e destinati in beneficenza. La moneta deve essere lanciata con la mano destra sopra la spalla sinistra per garantire il ritorno a Roma.

La Fontana di Trevi è stata anche al centro di numerose opere d'arte e film, tra cui "La Dolce Vita" di Federico Fellini, che ha immortalato la famosa scena di Anita Ekberg che si bagna nella fontana. La fontana è stata restaurata più volte nel corso degli anni per mantenere la sua bellezza e il suo splendore, e oggi rappresenta uno dei simboli più amati della città eterna.

Il Vaticano è uno stato indipendente all'interno della città di Roma, ed è il più piccolo stato del mondo per superficie e popolazione. Questo piccolo stato è famoso in tutto il mondo per essere il centro della Chiesa Cattolica, con il Papa come capo della Chiesa.

Il Vaticano ospita molti luoghi di interesse, tra cui la Basilica di San Pietro, il Museo Vaticano e la Cappella Sistina. La Basilica di San Pietro è uno dei più grandi edifici religiosi del mondo e ospita alcune delle più importanti opere d'arte, come la Pietà di Michelangelo. Il Museo Vaticano è uno dei più grandi musei del mondo, con una vasta collezione di opere d'arte che coprono quasi 3.000 anni di storia. La Cappella Sistina è il luogo in cui il Conclave si riunisce per eleggere un nuovo Papa ed è famosa per gli affreschi dipinti da Michelangelo.

Il Vaticano è anche un centro di pellegrinaggio per i cristiani, con migliaia di visitatori ogni anno che vengono a pregare e ad ammirare i tesori artistici del Vaticano. Tra questi tesori, ci sono capolavori di artisti come Raffaello, Bernini, Caravaggio e molti altri.

Inoltre, il Vaticano ha un'importante funzione diplomatica, avendo rapporti con molti Paesi in tutto il mondo. Il Papa ha incontrato molti leader mondiali nel corso degli anni, contribuendo alla soluzione di problemi globali.

In generale, il Vaticano è una destinazione unica al mondo che ha molto da offrire, sia per i fedeli che per i visitatori interessati alla storia, all'arte e alla cultura.

ll quartiere di Trastevere è un luogo unico a Roma, con un'atmosfera bohemien e artistica che lo rende un luogo popolare per gli artisti, gli studenti e i viaggiatori che cercano di scoprire la vera essenza della città. Qui si possono trovare piccoli ristoranti e caffè che offrono piatti tradizionali romani e internazionali, oltre a negozi d'arte e gallerie che espongono opere di artisti locali.

Il quartiere è caratterizzato da stradine acciottolate, edifici antichi e piazze piene di vita. La Piazza di Santa Maria in Trastevere è una delle piazze più famose del quartiere, dominata dalla Basilica di Santa Maria, uno dei luoghi di culto più antichi di Roma.

Un'altra zona imperdibile del quartiere di Trastevere è la Via della Lungaretta, una strada pedonale che si snoda tra negozi d'arte, librerie indipendenti, caffè e ristoranti. E un luogo perfetto per passeggiare e godere dell'atmosfera vivace di Trastevere.

Inoltre, la vita notturna di Trastevere molto attiva, con numerosi bar, club e locali che offrono intrattenimento dal vivo, musica e una vasta selezione di cocktail e bevande.

In sintesi, il quartiere di Trastevere è il luogo ideale per immergersi nella vera vita romana, scoprire la cultura locale, gustare la cucina tradizionale e godere della bellezza di una delle zone più autentiche e affascinanti di Roma.

Come arrivare:

L'aeroporto di Fiumicino, anche chiamato Leonardo da Vinci, è il principale scalo aereo di Roma e il più grande aeroporto d'Italia. Si trova a circa 30 chilometri dal centro città ed è facilmente raggiungibile con il treno Leonardo Express, che impiega circa 30 minuti per arrivare alla stazione ferroviaria di Termini. In alternativa, ci sono anche autobus navetta e taxi disponibili.

L'aeroporto di Ciampino, invece, è più piccolo e si trova a circa 15 chilometri dal centro città. E principalmente utilizzato dalle compagnie aeree low-cost e offre anche servizi di trasporto pubblico come autobus e treno.

Per raggiungere Roma in treno, ci sono diverse opzioni a seconda della città di partenza. Ad esempio, è possibile prendere l'Eurostar da Firenze, Napoli, Venezia e altre città italiane, mentre ci sono anche collegamenti diretti con Parigi, Ginevra e altre destinazioni europee.

Inoltre, Roma è ben collegata anche con il resto dell'Italia grazie alla rete di autobus nazionali e regionali. Ad esempio, è possibile raggiungere la città in autobus da Firenze, Napoli, Milano e molte altre città italiane.

Inoltre, Roma è ben collegata anche con il resto dell'Italia grazie alla rete di autobus nazionali e regionali. Ad esempio, è possibile raggiungere la città in autobus da Firenze, Napoli, Milano e molte altre città italiane.

Dove alloggiare:

il quartiere di Monti è uno dei quartieri più alla moda di Roma e offre una vasta scelta di alloggi tra cui bed and breakfast, appartamenti e alberghi boutique. Qui è possibile godere di una vista spettacolare sulla città, grazie alla posizione elevata del quartiere. Monti è anche un quartiere molto vivace, con molti ristoranti e bar alla moda, negozi d'antiquariato, gallerie d'arte e boutique di moda.

Anche il quartiere di Trastevere è una scelta popolare per coloro che cercano un alloggio a Roma. Situato sulla riva occidentale del fiume Tevere, Trastevere è un quartiere bohémien con molte opzioni di alloggio, tra cui affittacamere e bed and breakfast. Il quartiere è noto per la sua vita notturna e per i numerosi ristoranti tradizionali che offrono specialità locali.

Se si preferisce un alloggio di lusso, Roma offre molte opzioni di hotel di fascia alta, soprattutto nel centro storico. Molti di questi alberghi si trovano in edifici storici restaurati e offrono servizi di alta qualità, come spa, ristoranti gourmet e viste panoramiche sulla città. Tuttavia, i prezzi di queste opzioni di alloggio possono essere elevati, soprattutto durante i mesi estivi e in occasione di eventi speciali come il Natale e il Capodanno.

CAPITOLO 3 - FIRENZE:

Capitale del Rinascimento e
centro artistico della Toscana

Firenze è una delle città più
affascinanti d'Italia, con un patrimonio
artistico e culturale senza pari. La città
è stata il centro del Rinascimento
italiano, e molti degli artisti e
intellettuali più importanti dell'epoca
hanno lavorato qui, tra cui Leonardo
da Vinci, Michelangelo, Botticelli e
Galileo Galilei.

La Cattedrale di Santa Maria del Fiore,
o Duomo, è un'opera architettonica
imponente situata nel cuore di Firenze.
La costruzione della cattedrale iniziò
nel 1296 sotto la guida dell'architetto
Arnolfo di Cambio, ma non fu
completata fino al 1436, quando la
cupola di Brunelleschi fu terminata.

La cupola del Duomo, che domina il panorama di Firenze, è stata una sfida architettonica senza precedenti per il suo tempo. Filippo Brunelleschi, l'architetto incaricato di progettare la cupola, dovette risolvere molti problemi tecnici complessi per realizzarla. La cupola è alta oltre 100 metri e ha un diametro di 45 metri, rendendola la più grande cupola in muratura del mondo.

All'interno della cattedrale, i visitatori possono ammirare alcuni dei più importanti capolavori dell'arte fiorentina, tra cui la Croce di Giotto, una croce in legno intagliata da Giotto di Bondone nel XIV secolo, e il Campanile di Giotto, una torre campanaria alta 84 metri e anch'essa progettata da Giotto.

Oltre alla cattedrale, il complesso del Duomo include anche il Battistero di San Giovanni, un edificio sacro risalente al IV secolo che ospita una serie di porte in bronzo decorate con scene bibliche di Andrea Pisano e Lorenzo Ghiberti.

La Cattedrale di Santa Maria del Fiore e il suo complesso sono tra le attrazioni turistiche più visitate di Firenze, e la loro bellezza e imponenza continuano a incantare i visitatori di tutto il mondo.

La Galleria degli Uffizi è un museo unico al mondo, non solo per le opere d'arte che contiene, ma anche per la sua storia e la sua architettura. Il palazzo degli Uffizi fu originariamente costruito come ufficio del governo nel XVI secolo, su progetto di Giorgio Vasari. La galleria fu fondata nel 1581 da Francesco | de' Medici, che voleva esporre le opere d'arte della famiglia Medici e dei loro artisti di corte.

La collezione degli Uffizi si sviluppò nel corso dei secoli grazie all'acquisizione di opere d'arte da parte della famiglia Medici e dei loro successori, e alla donazione di importanti collezioni private. Oggi la galleria ospita circa 2.200 opere d'arte, tra cui dipinti, sculture, disegni e incisioni, che coprono un arco temporale che va dall'antichità greco-romana al Rinascimento e al Barocco.

Le opere d'arte più famose della Galleria degli Uffizi includono le opere di Sandro Botticelli, come la Primavera e la Nascita di Venere, e quelle di Leonardo da Vinci, come l'Annunciazione e la Battaglia di Anghiari. Altri capolavori della collezione sono la Venere di Urbino di Tiziano, la Madonna del Cardellino di Raffaello e la Medusa di Caravaggio.

La visita alla Galleria degli Uffizi è un'esperienza unica e indimenticabile per gli amanti dell'arte e della storia, ma richiede anche una buona pianificazione. A causa della grande affluenza di visitatori, le code per l'ingresso possono essere molto lunghe, quindi si consiglia di prenotare in anticipo o di scegliere un'opzione di biglietti saltafila. Inoltre, è consigliabile dedicare almeno mezza giornata alla visita per poter apprezzare appieno tutte le opere d'arte.

Il Ponte Vecchio è uno dei simboli più rappresentativi di Firenze, situato sul fiume Arno. Costruito originariamente in legno nel 972 d.C., fu poi distrutto da una piena nel 1117 e ricostruito in pietra. E il ponte più antico della città e ospita numerosi negozi di gioielli e botteghe d'arte. La vista del ponte illuminato di notte è particolarmente suggestiva.

Il Palazzo Pitti, invece, è un grande palazzo situato sulla riva sinistra dell'Arno, vicino al Ponte Vecchio. Fu costruito per la famiglia Medici nel 1458 e in seguito ampliato e arricchito di opere d'arte. Oggi ospita varie gallerie d'arte, tra cui la Galleria Palatina, la Galleria d'Arte Moderna, il Museo degli Argenti e il Museo delle Carrozze. All'interno del palazzo si può ammirare l'arredamento originale, tra cui mobili, stoffe e porcellane, e le opere d'arte più significative della collezione Medicea. Inoltre, il palazzo è circondato da giardini rinascimentali, con fontane e statue, che offrono una vista panoramica sulla città.

Firenze è anche famosa per la sua cucina, con piatti tradizionali come la ribollita, la bistecca alla fiorentina e la pappa al pomodoro. La cucina toscana si basa su ingredienti freschi e di alta qualità, e si concentra sulla semplicità dei sapori e sulla valorizzazione dei prodotti locali. La ribollita è una zuppa tradizionale a base di verdure e pane raffermo, mentre la bistecca alla fiorentina è una prelibatezza a base di carne di manzo di razza chianina, tagliata molto spessa e cotta sulla brace. La pappa al pomodoro è un piatto a base di pane, pomodoro fresco, basilico e aglio.

Oltre alla cucina tradizionale, Firenze offre molte opzioni di cucina internazionale, con ristoranti che servono piatti italiani contemporanei, cucina fusion, sushi e altre specialità. Inoltre, ci sono molte enoteche e bar a vino dove si possono gustare i migliori vini della Toscana, tra cui il Chianti, il Brunello di Montalcino e il Vino Nobile di Montepulciano.

Molti ristoranti si trovano nel centro storico di Firenze, ma ci sono anche molte opzioni fuori dal centro, dove si possono trovare ristoranti a conduzione familiare che servono autentiche specialità toscane. Inoltre, il mercato centrale di Firenze è un ottimo posto per acquistare prodotti freschi e cucinare i propri pasti, se si alloggia in un appartamento con cucina.

In conclusione, Firenze è una città che offre molto da vedere e da fare, con un patrimonio culturale senza pari e una cucina deliziosa. Una visita a Firenze è un'esperienza indimenticabile per gli amanti dell'arte e della cultura.

CAPITOLO 4 – VENEZIA:

La città sui canali e la sua architettura unica

Venezia è una città unica nel suo genere, costruita su una serie di isole e collegata da canali navigabili. L'architettura veneziana è influenzata da molte culture, tra cui quella bizantina, gotica e rinascimentale, che si fondono in un insieme armonioso e suggestivo.

Una delle attrazioni più famose di Venezia è la Basilica di San Marco, situata nella piazza omonima. Questa chiesa bizantina è famosa per i suoi mosaici dorati e il suo campanile, da cui si può godere di una vista spettacolare sulla città.

La Basilica di San Marco è uno dei più grandi tesori artistici di Venezia. E stata costruita nel IX secolo per ospitare le reliquie di San Marco, il patrono della città. La sua architettura è una fusione di stili bizantini, romanici e gotici. La facciata esterna della chiesa è imponente e presenta mosaici d'oro che raffigurano storie bibliche e simboli cristiani.

All'interno, la basilica è ancora più sorprendente. Le pareti, il soffitto e i pavimenti sono coperti di mosaici dorati che raffigurano scene bibliche, figure sante e animali fantastici. | mosaici sono così belli e dettagliati che sembrano quasi dipinti. Alcune parti della basilica sono decorate con marmi pregiati, come il pavimento in marmo policromo. Al centro della basilica si trova l'altare d'oro, un'opera d'arte straordinaria realizzata nel XII secolo. L'altare è completamente rivestito d'oro e presenta sculture e bassorilievi che raffigurano scene bibliche. ll baldacchino sopra l'altare è sostenuto da quattro colonne di porfido rosso e verde.

Accanto alla basilica si trova il campanile di San Marco, alto 98 metri. E il punto più alto della città e offre una vista mozzafiato su Venezia. Il campanile è stato costruito nel XII secolo e poi ricostruito nel 1912 dopo che era crollato a causa di un fulmine. La Basilica di San Marco è una delle attrazioni turistiche più popolari di Venezia. Ogni anno attira milioni di visitatori da tutto il mondo. Per evitare le lunghe code, si consiglia di prenotare in anticipo i biglietti per la visita. Un'altra famosa attrazione di Venezia è il Palazzo Ducale, un palazzo gotico situato sulla Piazza San Marco che una volta ospitava il governo della città. Oggi è un museo aperto al pubblico, dove è possibile ammirare le opere d'arte e gli arredi originali del palazzo.

Il Palazzo Ducale è un imponente edificio che racchiude la storia e la cultura della città di Venezia. Costruito in stile gotico nel XIII secolo, il palazzo fu la residenza dei dogi, i governatori di Venezia, e il centro politico del potere della città per quasi 700 anni.

Oltre alle sale del potere e della giustizia, il Palazzo Ducale ospitava anche la prigione della città, conosciuta come le "Stanze del Piombi". Tra i prigionieri più famosi che vi furono rinchiusi vi era il poeta Giacomo Casanova.

Oggi il Palazzo Ducale è un museo che ospita molte opere d'arte e oggetti di valore, tra cui dipinti di Tintoretto, Veronese e Bellini. La visita del palazzo include anche la salita al campanile, dalla quale si può ammirare una vista panoramica sulla città di Venezia.

La Sala del Maggior Consiglio è una delle stanze più imponenti del Palazzo Ducale, ed era il luogo in cui si riuniva il maggior consiglio, l'organo legislativo della Repubblica di Venezia. La sala ospita un'enorme tela del Tintoretto, il Paradiso, che è una delle tele più grandi mai dipinte.

Tra gli altri luoghi di interesse all'interno del Palazzo Ducale, ci sono la Sala del Senato, la Sala del Collegio, la Sala dello Scrutinio e il Cortile del Doge. La visita del Palazzo Ducale è una delle esperienze più affascinanti e culturalmente ricche che si possono vivere a Venezia.

Venezia è anche famosa per i suoi canali, che si snodano attraverso la città e offrono una vista unica sulla città. Il Canal Grande è il canale più famoso di Venezia, fiancheggiato da palazzi e ponti pittoreschi. Una delle attività più romantiche che si possono fare a Venezia è un giro in gondola lungo i canali della città.

Il Canal Grande è il principale canale di Venezia, lungo circa 3,8 km, e divide la città in due parti. E fiancheggiato da molti palazzi storici, tra cui il Ca' d'Oro, il Palazzo Venier dei Leoni (sede della collezione Peggy Guggenheim), il Palazzo Grassi e il Palazzo Dario. Il canale è attraversato da quattro ponti principali: il Ponte degli Scalzi, il Ponte di Rialto, il Ponte dell'Accademia e il Ponte della Costituzione.

Una gondola è un'imbarcazione tradizionale veneziana, lunga e stretta, che veniva utilizzata per navigare sui canali della città. Oggi, le gondole sono utilizzate soprattutto per scopi turistici, come gite romantiche per coppie o per i turisti che vogliono ammirare la città dall'acqua. ll prezzo per una gondola può variare in base alla durata del tour e al numero di persone a bordo.

Inoltre, è possibile esplorare i canali di Venezia anche tramite i vaporetti, i battelli che servono come mezzi di trasporto pubblico per i residenti e i turisti. | vaporetti sono un'opzione più economica rispetto alle gondole e offrono una vista panoramica sulla città da un'altra prospettiva.

La cucina veneziana è basata principalmente sui frutti di mare, con piatti tradizionali come i cicchetti, le sarde in saor e i fegato alla veneziana. Inoltre, Venezia è famosa per il suo dolce, il tiramisù, che è stato inventato nella città nel XX secolo.

La cucina veneziana è rinomata per la sua freschezza e la sua semplicità. Essendo una città di mare, i piatti a base di pesce sono ovviamente molto diffusi e molto apprezzati. | cicchetti sono il cibo da strada veneziano per eccellenza, ovvero una sorta di antipasti a base di pesce, carne, formaggio e verdure serviti su piccole fette di pane. Il sarde in saor, un piatto di sardine marinate con cipolle e uvetta, è un altro classico della cucina veneziana, così come il fegato alla veneziana, fatto con fegato di vitello, cipolle e vino bianco.

Ma la cucina veneziana non si limita ai frutti di mare.

Ci sono molti altri piatti tipici, come il risotto al nero di seppia, fatto con il nero della seppia per dare al risotto un colore scuro, e il baccalà mantecato, una crema di baccalà servita su crostini di pane. La cucina di Venezia è anche influenzata dalla vicinanza alla terraferma e ai suoi prodotti. Ad esempio, il risi e bisi, un piatto di riso e piselli, è una specialità primaverile tipica del Veneto.

Il tiramisù, probabilmente il dolce italiano più famoso al mondo, ha origini veneziane. E stato creato alla fine degli anni '60 in un ristorante di Treviso, vicino a Venezia. Il dolce è composto da savoiardi inzuppati nel caffè, crema di mascarpone, uova e cacao. Oggi è uno dei dolci più amati in tutto il mondo.

Inoltre, la città è famosa anche per le sue osterie e i suoi bacari, ovvero i tipici bar veneziani dove si possono gustare cicchetti e bere un bicchiere di vino locale come il prosecco o l'Amarone.

In conclusione, Venezia è una città unica al mondo, con la sua architettura suggestiva e i suoi canali navigabili. Visitare Venezia significa immergersi nella storia e nella cultura della città e godere di alcune delle attrazioni turistiche più famose del mondo.

CAPITOLO 5 - NAPOLI:

La cultura culinaria e l'arte barocca della città partenopea

Napoli è una città che offre una combinazione unica di cultura, storia e gastronomia. La città partenopea è famosa in tutto il mondo per la sua cucina, caratterizzata da piatti a base di pesce fresco, pomodori, peperoncino e mozzarella di bufala.

La cucina napoletana è considerata una delle più famose e apprezzate in Italia e nel mondo. La sua origine risale all'antica città greca di Neapolis e si basa su ingredienti semplici e di alta qualità, come il pomodoro San Marzano, l'olio extravergine d'oliva, la mozzarella di bufala campana, le alici e i frutti di mare freschi.

La pizza napoletana, in particolare la pizza Margherita, è il piatto più conosciuto della cucina partenopea. La pizza napoletana tradizionale è fatta con una base di pasta sottile e soffice, condita con pomodoro San Marzano, mozzarella di bufala campana e basilico fresco, cotta in un forno a legna caldo per pochi minuti. La pasta al ragù, o alla genovese, è un altro piatto tipico napoletano, a base di carne di manzo brasata con cipolle e servita con pasta fresca fatta in casa.

La parmigiana di melanzane è un'altra specialità napoletana a base di melanzane fritte, pomodoro, mozzarella di bufala campana, basilico fresco e parmigiano reggiano. La pizza fritta, invece, è una variante della pizza cotta in padella con olio di semi, farcita con cicoli, ricotta e pepe, o con pomodoro e mozzarella.

Per quanto riguarda i dolci, la sfogliatella è uno dei più conosciuti e apprezzati a Napoli. La pasta sfoglia croccante racchiude un ripieno di crema pasticcera e ricotta, profumata con aroma di arancia e cannella. Altri dolci napoletani sono il babà, una pasta lievitata inzuppata nel liquore e farcita con crema pasticcera, e il pastiera, una torta di grano cotto, ricotta e canditi.

La cucina napoletana è anche famosa per i suoi vini pregiati, come il Lacryma Christi e il Greco di Tufo, e per la sua produzione di limoncello, un liquore dolce fatto con limoni della zona.

Ma Napoli non è solo famosa per la sua cucina, è anche una città ricca di arte e cultura. Il centro storico di Napoli è stato dichiarato Patrimonio dell'Umanità dall'UNESCO ed è famoso per le sue chiese barocche, i musei e i monumenti antichi.

Uno dei monumenti più famosi di Napoli è il Duomo, una cattedrale gotica dedicata a San Gennaro, il patrono della città. All'interno della cattedrale si possono ammirare importanti opere d'arte, tra cui i mosaici e gli affreschi.

Il Duomo di Napoli, noto anche come Cattedrale di Santa Maria Assunta o Cattedrale di San Gennaro, si trova nel centro storico della città ed è stato costruito nel XIII secolo sui resti di un tempio greco e di una chiesa paleocristiana. La cattedrale è un'importante meta di pellegrinaggio per i fedeli cattolici, in quanto ospita le reliquie di San Gennaro, il patrono della città. La cappella di San Gennaro all'interno del Duomo è particolarmente famosa, con affreschi e décor.

Oltre alla cattedrale, Napoli è famosa per le sue numerose chiese e basiliche, tra cui la chiesa di Santa Maria degli Angeli, la chiesa di San Domenico Maggiore e la basilica di Santa Maria della Sanità, tutte caratterizzate da un'architettura barocca e ricchi tesori d'arte.

Un altro monumento importante di Napoli è il Maschio Angioino, un castello medievale situato sul lungomare della città. Costruito nel XIII secolo, il castello ha subito diverse trasformazioni nel corso dei secoli ed è oggi utilizzato per eventi pubblici e mostre d'arte temporanee.

La città di Napoli è stata anche dichiarata patrimonio dell'umanità dall'UNESCO per il suo centro storico, caratterizzato da un'architettura barocca e gotica unica al mondo. Tra le attrazioni del centro storico vi sono anche il Teatro San Carlo, uno dei più antichi e prestigiosi teatri d'opera al mondo, e il Palazzo Reale, una reggia che ospita numerose collezioni d'arte e arredi storici.

Un'altra attrazione imperdibile di Napoli è il Museo Archeologico Nazionale, che ospita la più grande collezione di oggetti e manufatti dell'antica civiltà romana. Tra le opere più importanti ci sono le statue e le decorazioni provenienti dagli scavi di Pompei ed Ercolano.

Il Museo Archeologico Nazionale di Napoli è uno dei più importanti musei archeologici del mondo, con una collezione di circa 3.000 reperti che documentano la storia dell'antica Campania, dalla preistoria alla fine dell'Impero romano.

Tra le opere più celebri del museo ci sono le mura dipinte dell'antica città romana di Pompei, la cui eruzione vulcanica nel 79 d.C. la seppellì sotto una coltre di cenere e lapilli. Il museo ospita anche molti tesori di Ercolano, un'altra città romana distrutta dalla stessa eruzione. Tra i tesori più famosi ci sono le statue di Ercole e di Marco Nonio Balbo.

Il museo ha anche una collezione di opere greche e romane, tra cui sculture, mosaici, monete e gioielli. Ci sono anche reperti provenienti dall'antico Egitto, tra cui la celebre Collezione Farnese di rilievi egizi, tra cui il famoso Toro Farnese.

Il Museo Archeologico Nazionale di Napoli è un luogo imperdibile per chiunque sia interessato alla storia antica e alla cultura campana.

infine, Napoli è anche famosa per la sua musica tradizionale, il cosiddetto "neomelodico". Questa musica popolare è caratterizzata da testi sentimentali e melodie orecchiabili ed è molto popolare in tutta la città.

Il neomelodico è un genere musicale nato a Napoli alla fine degli anni '70 e inizi degli anni '80, che ha riscosso un enorme successo in tutta la regione campana e in altre parti del sud Italia. Il termine "neomelodico" si riferisce alle nuove melodie e ai testi sentimentali che caratterizzano questo tipo di musica.

| testi del neomelodico spesso si concentrano su temi come l'amore, la famiglia e la vita quotidiana, e sono cantati in napoletano o in dialetti meridionali. La melodia è solitamente molto orecchiabile, con ritmi che vanno dal pop al liscio, dal tango al latino.

Il neomelodico è stato criticato da alcuni per essere troppo melodrammatico e per la mancanza di originalità nelle melodie e nei testi. Tuttavia, il genere continua ad avere un grande seguito tra i giovani e i meno giovani, e molti artisti del neomelodico hanno raggiunto una notevole popolarità.

In sintesi, Napoli è una città che offre una combinazione unica di cultura, arte e gastronomia, rendendola una meta turistica sempre più popolare tra i visitatori di tutto il mondo.

CAPITOLO 6 - MILANO:

Centro della moda e del design italiano, con una ricca storia artistica

Milano è una città che è diventata un'icona della moda e del design italiano, grazie alla presenza di importanti aziende del settore e alla sua lunga storia di innovazione. Tuttavia, Milano è anche una città con una grande storia artistica e culturale, che può essere ammirata in numerosi musei e gallerie d'arte.

Uno dei simboli più famosi di Milano è il Duomo, una cattedrale gotica che domina la Piazza del Duomo. All'interno della cattedrale si possono ammirare importanti opere d'arte, tra cui i mosaici e le vetrate. Inoltre, è possibile salire sulla terrazza del Duomo per godere di una vista

"ECCO LE 10 MERAVIGLIE ITALIANE DA NON PERDERE:

spettacolare sulla città.

Il Duomo di Milano è uno dei monumenti più importanti d'Italia ed è considerato uno dei capolavori dell'architettura gotica europea. La sua costruzione iniziò nel 1386 e durò oltre 500 anni, fino al completamento della facciata nel 1813. La cattedrale è ricca di simbolismi e riferimenti religiosi, con numerose sculture e bassorilievi che narrano la storia biblica.

L'interno del Duomo è altrettanto impressionante, con cinque navate e numerose cappelle laterali che ospitano opere d'arte di grande valore.

Tra le opere più importanti ci sono la statua in marmo di San Bartolomeo scorticato, attribuita a Marco d'Agrate, e il grande altare maggiore in marmo rosa di Candoglia, realizzato da Nicola da Guardiagrele.

Una delle attrazioni più popolari del Duomo è la terrazza, accessibile sia a piedi che in ascensore, che offre una vista spettacolare sulla città. Dalla terrazza si possono ammirare le guglie e le statue del Duomo, così come il panorama urbano di Milano e delle montagne circostanti. La vista è particolarmente suggestiva al tramonto, quando i colori del cielo si riflettono sulla città.

Il Duomo di Milano è anche famoso per la sua "Madonnina", la statua dorata della Vergine Maria che sormonta la guglia centrale della cattedrale. La Madonnina è diventata un simbolo della città di Milano e può essere vista da molti punti della città.

In sintesi, il Duomo di Milano è un capolavoro dell'architettura gotica europea che rappresenta uno dei simboli più importanti della città. La sua bellezza e la vista spettacolare dalla terrazza rendono questa cattedrale un'attrazione imperdibile per chiunque visiti Milano.

Milano è anche famosa per la sua opera, con il Teatro alla Scala che è considerato uno dei teatri d'opera più prestigiosi al mondo. ll teatro è stato inaugurato nel 1778 e ha ospitato alcune delle più importanti opere d'arte del mondo, tra cui il lavoro di compositori come Verdi, Puccini e Rossini.

Il Teatro alla Scala è stato fondato nel 1776 da un gruppo di nobili milanesi desiderosi di avere un teatro d'opera di alta qualità a Milano. L'edificio attuale, inaugurato nel 1778, è stato progettato dall'architetto Giuseppe Piermarini e si trova accanto alla Galleria Vittorio Emanuele ll, nel cuore della città.

Il Teatro alla Scala è considerato uno dei teatri d'opera più prestigiosi al mondo e ha ospitato molte delle più importanti opere d'arte della storia dell'opera. Alcuni dei più grandi compositori della storia, come Giuseppe Verdi, Giacomo Puccini e Gioachino Rossini, hanno presentato le loro opere qui. Oltre all'opera, il Teatro alla Scala ha ospitato anche balletti, concerti e spettacoli di prosa.

Il Teatro alla Scala è stato danneggiato pesantemente durante la Seconda Guerra Mondiale, ma è stato successivamente ricostruito e restaurato. Oggi il teatro è considerato un'istituzione culturale di livello mondiale e continua a essere un importante centro per l'opera e la musica classica. Ogni stagione, il Teatro alla Scala presenta un programma di spettacoli di alta qualità che attira visitatori da tutto il mondo.

La città ospita anche numerosi musei d'arte, tra cui la Pinacoteca di Brera, che ospita una vasta collezione di opere d'arte italiane dal XIV al XX secolo. Altri musei d'arte di rilievo includono il Museo del Novecento, che espone opere d'arte del XX secolo, e la Galleria d'Arte Moderna, che presenta opere di artisti italiani e internazionali.

La Pinacoteca di Brera è uno dei musei d'arte più importanti di Milano, situata nel Palazzo Brera, uno dei più grandi complessi monumentali della città. La collezione del museo comprende opere di artisti come Raffaello, Caravaggio, Tiziano, Mantegna e molti altri, rappresentando una vasta gamma di stili e periodi artistici italiani.

Il Museo del Novecento, situato in Piazza del Duomo, è un altro importante museo d'arte di Milano, che espone una vasta collezione di opere d'arte del XX secolo. Tra le opere esposte ci sono quelle di artisti italiani come Giorgio de Chirico, Alberto Giacometti, Lucio Fontana e molti altri.

La Galleria d'Arte Moderna di Milano, situata all'interno del Villa Reale, presenta opere di artisti italiani e internazionali del XIX e XX secolo. Tra le opere esposte ci sono quelle di Pablo Picasso, Paul Cézanne, Vincent van Gogh e molti altri.

Inoltre, Milano ospita anche il famoso Triennale Design Museum, che espone opere di design contemporaneo e industriale. La Triennale di Milano è stata fondata nel 1923 e ha svolto un ruolo importante nella promozione del design italiano e internazionale.

Milano è anche famosa per la sua cucina, che comprende numerosi piatti tradizionali come il risotto alla milanese, l'ossobuco e il panettone. Inoltre, la città è conosciuta per i suoi aperitivi, con numerosi bar che offrono una vasta selezione di cocktail e stuzzichini.

La cucina milanese è una delle più rinomate del Nord Italia e si caratterizza per l'uso di ingredienti semplici ma di alta qualità. Il risotto alla milanese, ad esempio, è un piatto a base di riso, burro, parmigiano e zafferano, che gli conferisce il caratteristico colore giallo. L'ossobuco, invece, è un piatto a base di carne di vitello cotto a fuoco lento con verdure e vino bianco. Un'altra specialità milanese è il cotoletta alla milanese, una bistecca di vitello impanata e fritta.

Il panettone, invece, è un dolce natalizio a base di uvetta, canditi e vaniglia, con una forma alta e tondeggiante. È considerato uno dei dolci italiani più famosi al mondo e viene spesso mangiato a colazione o a merenda, accompagnato da una tazza di caffè o di latte.

Infine, l'aperitivo milanese è diventato un vero e proprio rito sociale, in cui le persone si incontrano dopo il lavoro per gustare un drink e degli stuzzichini. I bar che offrono l'aperitivo milanese sono numerosi e variegati, e spesso si trovano in zone centrali come Brera o Navigli. L'aperitivo milanese prevede una vasta scelta di cocktail, vini e birre, accompagnati da stuzzichini come patatine, olive, affettati e formaggi.

Infine, Milano è famosa per la sua moda e il design, con importanti aziende come Armani, Versace e Prada che hanno sede nella città. Il Salone del Mobile, una fiera internazionale del design, si tiene ogni anno a Milano e attira visitatori da tutto il mondo.

Milano è considerata la capitale mondiale della moda e del design. La città ospita alcuni dei marchi più famosi del mondo nel campo della moda e dell'abbigliamento, con boutique di alta moda che puntellano le strade principali come Via Montenapoleone e Via della Spiga. Ogni anno, la città ospita la Settimana della Moda di Milano, uno dei principali eventi di moda del mondo, che presenta le ultime collezioni di moda e sfilate di grandi designer e case di moda.

Il design è un altro settore in cui Milano si distingue, con il Salone del Mobile che si tiene ogni anno a Rho, una fiera internazionale che presenta le ultime tendenze in design di interni, mobili e prodotti per la casa. Il Salone del Mobile attira visitatori da tutto il mondo, tra cui designer, architetti, appassionati di design e consumatori alla ricerca di idee per arredare la propria casa.

Milano è anche un importante centro di produzione di mobili e arredi di design. Molti dei produttori di mobili e produttori di accessori di alta gamma hanno sede nella città e nella sua regione, rendendola una destinazione importante per coloro che cercano prodotti di alta qualità e design innovativo.

Infine, Milano ospita anche il Triennale Design Museum, che ospita una vasta collezione di design e arte contemporanea. ll museo organizza regolarmente mostre temporanee, eventi e conferenze, diventando un punto di riferimento per il mondo del design e dell'arte contemporanea.

CAPITOLO 7 – LA COSTIERA AMALFITANA:

Una delle più belle e sceniche del Mediterraneo

La Costiera Amalfitana è una delle coste più belle e sceniche del Mediterraneo, conosciuta per i suoi paesaggi mozzafiato, le sue spiagge, i suoi borghi caratteristici e la sua cucina. Si estende per circa 50 chilometri lungo la costa meridionale della Penisola Sorrentina, tra i comuni di Positano e Vietri sul Mare.

La Costiera Amalfitana è stata dichiarata Patrimonio dell'Umanità dall'UNESCO nel 1997, grazie alla sua bellezza e alla sua importanza storica e culturale. Tra i luoghi più famosi della Costiera Amalfitana c'è la città di Amalfi, che ha dato il nome alla costa. Qui si può visitare la Cattedrale di Sant'Andrea, una chiesa romanicobizantina con una splendida facciata in stile barocco.

La Cattedrale di Sant'Andrea è uno dei principali luoghi di interesse di Amalfi. Costruita tra il IX e il XIII secolo, la cattedrale presenta un mix di stili architettonici, che riflettono l'influenza bizantina, araba e normanna sulla regione. La facciata in stile barocco è stata aggiunta nel XVIII secolo.

All'interno della cattedrale si possono ammirare numerose opere d'arte, tra cui un bellissimo mosaico del XII secolo che raffigura Cristo Pantocratore, che domina l'abside. Altre opere importanti includono il pulpito in stile arabo-normanno, realizzato nel XII secolo, e la tomba di Sant'Andrea, il patrono della città. La Cattedrale di Sant'Andrea è un importante centro religioso della regione, e ogni anno si tengono importanti festività religiose, tra cui la festa di Sant'Andrea il 30 novembre e la processione del Venerdì Santo. La cattedrale è aperta ai visitatori tutto l'anno ed è uno dei principali luoghi di interesse della Costiera Amalfitana.

Ma Amalfi non è l'unico luogo da visitare nella Costiera Amalfitana. Altri luoghi di interesse includono Positano, una città che si trova sulla collina che si affaccia sul mare e che è famosa per le sue pittoresche case colorate e per le strette stradine che conducono alla spiaggia. Ravello, una città tranquilla che offre panorami spettacolari sulla costa, è famosa peri suoi giardini e per il Palazzo Rufolo, un antico palazzo normanno che ospita un museo d'arte contemporanea. La città di Sorrento, situata sulla penisola di Sorrento, offre panorami mozzafiato sulla costa e sulla baia di Napoli, ed è famosa per i suoi limoni e per il liquore di limoncello.

Inoltre, la Costiera Amalfitana offre molte opportunità per fare escursioni e attività all'aperto, come trekking, escursioni in barca e nuoto nelle acque cristalline del Mediterraneo. La cucina locale è deliziosa e include piatti a base di pesce fresco, limoni e altre specialità locali. La Costiera Amalfitana è un luogo incantevole e unico al mondo, dove la bellezza naturale si fonde con l'arte, la cultura e la gastronomia, creando un'esperienza indimenticabile per i visitatori.

Altre località da non perdere sono Positano, con le sue case colorate che scendono verso il mare, Ravello, con i suoi giardini e le sue ville storiche, e Praiano, un piccolo villaggio che offre una vista panoramica sulla costa.

Positano è una delle località più pittoresche della Costiera Amalfitana, con le sue case colorate che sembrano affacciate direttamente sul mare. Qui è possibile passeggiare per le strette stradine del centro storico, ammirare le chiese barocche e visitare la spiaggia principale, Spiaggia Grande, dove si possono noleggiare lettini e ombrelloni.

Ravello è invece una località più tranquilla rispetto ad Amalfi e Positano, ed è famosa per i suoi giardini, come il Giardino di Villa Cimbrone e il Giardino di Villa Rufolo, entrambi con una vista panoramica sulla costa. Inoltre, Ravello ospita anche la Chiesa di San Giovanni del Toro, un'antica chiesa romanica con bellissimi affreschi.

Praiano è un piccolo villaggio situato tra Positano e Amalfi, con una vista spettacolare sulla costa e sul Golfo di Salerno. Qui si possono visitare la Chiesa di San Gennaro, con la sua torre medievale, e la Torre a Mare, una torre di avvistamento del XV secolo che si affaccia sul mare.

In generale, la Costiera Amalfitana offre una grande varietà di paesaggi, dai panorami mozzafiato del mare ai pittoreschi villaggi di pescatori e alle ville storiche immerse in rigogliosi giardini. La bellezza di questa costa la rende una meta turistica di grande richiamo in Italia e nel mondo.

Una delle attività più popolari sulla Costiera Amalfitana è il trekking lungo i numerosi sentieri che conducono alle vette delle montagne e alle spiagge nascoste. Uno dei sentieri più famosi è il Sentiero degli Dei, un percorso panoramico che offre una vista spettacolare sulla costa.

Il Sentiero degli Dei è un famoso percorso escursionistico che si sviluppa lungo la cima delle montagne che sovrastano la Costiera Amalfitana. Il nome deriva dalla leggenda che vuole che gli dei greci camminassero lungo questo sentiero per raggiungere le loro dimore sul Monte Faito.

Il Sentiero degli Dei ha una lunghezza di circa 7 chilometri e collega le località di Agerola e Nocelle, offrendo ai visitatori una vista mozzafiato sulla costa. Il percorso è abbastanza impegnativo e richiede un certo livello di preparazione fisica, ma la bellezza dei panorami rende l'esperienza unica.

Lungo il sentiero si possono ammirare le vette delle montagne, le pareti rocciose a strapiombo sul mare e le spiagge nascoste. Inoltre, è possibile visitare antiche torri di avvistamento che erano utilizzate per proteggere la costa dai pirati.

Il Sentiero degli Dei è molto popolare tra i turisti e gli appassionati di trekking, soprattutto durante i mesi primaverili ed estivi, quando il clima è più favorevole. E possibile trovare numerosi punti di partenza lungo il sentiero, tra cui la località di Bomerano, che si trova a pochi chilometri da Amalfi.

La cucina della Costiera Amalfitana è caratterizzata dai sapori mediterranei, con piatti a base di pesce fresco, limoni, pomodori e olio d'oliva. Tra i piatti tipici ci sono la pasta alla Nerano, un piatto di spaghetti con zucchine e provolone, e la insalata di mare, una fresca e gustosa insalata di frutti di mare.

La cucina della Costiera Amalfitana è caratterizzata dai sapori mediterranei, con piatti a base di pesce fresco, limoni, pomodori e olio d'oliva. Tra i piatti tipici ci sono la pasta alla Nerano, un piatto di spaghetti con zucchine e provolone, e la insalata di mare, una fresca e gustosa insalata di frutti di mare.

Per quanto riguarda i dolci, uno dei più famosi è il babà, un dolce a base di pasta lievitata inzuppata nel rum e servita con panna montata. Un altro dolce tipico della zona è il pastiera napoletana, una torta a base di ricotta, grano e arancia.

In ogni caso, la cucina della Costiera Amalfitana è caratterizzata dall'utilizzo di ingredienti freschi e di alta qualità, che vengono spesso coltivati direttamente sulla costa o nelle vicine campagne. Questo, unito alle tecniche di cottura tradizionali, rende i piatti della zona un vero e proprio patrimonio culinario.

Infine, la Costiera Amalfitana è un luogo ideale per rilassarsi e godersi il sole e il mare. Ci sono numerose spiagge, tra cui la Spiaggia Grande di Positano e la spiaggia di Marina di Praia, dove si può fare il bagno nelle acque cristalline del Mediterraneo.

Le spiagge della Costiera Amalfitana sono caratterizzate da acque cristalline e una vista mozzafiato sulle montagne e le città circostanti. Molte delle spiagge sono piccole e nascoste, raggiungibili solo tramite una lunga scalinata o in barca, il che le rende ancora più affascinanti.

La Spiaggia Grande di Positano è una delle spiagge più grandi e famose della costa, con la sua sabbia scura e la vista spettacolare sulle case colorate della città. La spiaggia di Marina di Praia è invece una piccola spiaggia di ciottoli situata in una baia protetta, circondata da scogliere e da un pittoresco porticciolo.

Inoltre, ci sono numerose baie e calette nascoste lungo la costa, che possono essere raggiunte solo tramite una barca o attraverso un sentiero. Una di queste è la Baia di Ieranto, una piccola spiaggia di ghiaia situata all'interno del Parco Regionale dei Monti Lattari, che offre una vista spettacolare sulla penisola di Sorrento e sull'isola di Capri.

In generale, la Costiera Amalfitana è un luogo ideale per chi cerca una vacanza all'insegna del relax, della natura e della cultura, con una vasta scelta di attività, dai sentieri escursionistici alle spiagge, fino alla scoperta delle città storiche e dei tesori artistici e culturali della zona.

CAPITOLO 8 – LA SICILIA:

Un'isola ricca di storia, cultura e cucina, con paesaggi mozzafiato

La Sicilia è la più grande isola del Mediterraneo, situata a sud dell'Italia. L'isola è conosciuta per la sua ricca storia e cultura, nonché per la sua deliziosa cucina e paesaggi mozzafiato.

La Sicilia è stata governata da molte culture diverse nel corso dei secoli, e ciascuna di queste ha lasciato la propria impronta sulla storia e la cultura dell'isola. Ad esempio, i Greci hanno fondato numerose città sulla costa siciliana, come Siracusa e Agrigento, che sono ancora oggi famose per i loro magnifici resti archeologici. I Romani, invece, hanno costruito numerose strade, ponti e acquedotti, che hanno contribuito a sviluppare l'economia dell'isola.

Durante il medioevo, la Sicilia fu governata dai Normanni, che hanno costruito numerose chiese e castelli in tutta l'isola. | Normanni hanno anche introdotto l'architettura araba, che si riflette nelle molte casette bianche con tetto piano e balconi in ferro battuto che si trovano in tutta la Sicilia.

La cultura siciliana è un'incantevole miscela di tradizioni italiane, arabe e greche. L'isola è famosa per le sue feste e le sue celebrazioni, come la Settimana Santa, quando le chiese sono decorate con fiori e i fedeli si vestono con abiti tradizionali. La cucina siciliana è una delle più varie e gustose in Italia, con piatti come la pasta con le sarde, la caponata e la cassata, un dolce fatto con pan di spagna, ricotta e frutta candita.

La Sicilia ha anche paesaggi mozzafiato, tra cui le spiagge di sabbia bianca e le acque cristalline delle Isole Eolie, i maestosi vulcani Etna e Stromboli, e la Valle dei Templi, un vasto complesso archeologico di templi greci situato vicino ad Agrigento. L'isola offre anche numerose attività all'aperto, come il trekking, l'arrampicata, la pesca e il ciclismo, che possono essere praticati in mezzo alla natura incontaminata.

La città di Palermo, la capitale della Sicilia, è un ottimo esempio della ricchezza culturale dell'isola. La città ha una lunga storia che risale al periodo fenicio e romano, e presenta una varietà di stili architettonici, tra cui il barocco, il gotico e l'arabo-normanno. La Cattedrale di Palermo, la Chiesa di San Giovanni degli Eremiti e il Palazzo dei Normanni sono solo alcune delle attrazioni principali di Palermo.

La Cattedrale di Palermo, situata nel cuore della città, è un esempio di architettura gotica e normanna. La sua costruzione è iniziata nel 1184 e si è conclusa nel 1801, dopo numerose aggiunte e modifiche. All'interno della cattedrale si trovano numerose opere d'arte, tra cui i mosaici del XII secolo, le cappelle barocche e il tesoro della cattedrale, che include oggetti liturgici in oro e argento.

La Chiesa di San Giovanni degli Eremiti, situata nel quartiere di Kalsa, è un esempio di architettura arabo-normanna, con cinque cupole rosse che si ergono sopra un cortile verde. Costruita nel XII secolo, la chiesa presenta un'architettura unica che combina elementi cristiani e islamici. L'interno della chiesa presenta affreschi e mosaici del XII e XIII secolo.

Il Palazzo dei Normanni, noto anche come Palazzo Reale, è stato costruito nel IX secolo come fortezza araba e successivamente ampliato dai Normanni. La Sala dei Venti, con i suoi mosaici e affreschi, è una delle sale più famose del palazzo, insieme alla Cappella Palatina, una cappella riccamente décor.

Oltre a Palermo, ci sono molte altre città della Sicilia che offrono una varietà di attrazioni culturali, come Siracusa, con il suo teatro greco e la Fonte Aretusa, e Taormina, con il suo antico teatro romano e la vista mozzafiato sul mare Ionio.

La cucina siciliana è anche famosa in tutto il mondo per i suoi piatti deliziosi e vari. La cucina siciliana presenta influenze di molte culture diverse, tra cui quella greca, romana, araba e normanna. Alcuni piatti tipici sono la pasta con le sarde, l'arancina (un tipo di crocchetta di riso ripiena), e la cassata, un dolce siciliano a base di ricotta e pasta di mandorle.

La Sicilia è anche famosa per la sua produzione di vino, con alcune delle

più antiche cantine della regione che risalgono al 1860. | vitigni più comuni sono il Nero d'Avola, il Catarratto e il Grillo, tra gli altri.

La Sicilia è anche famosa per la sua cucina. La cucina siciliana è caratterizzata da una vasta gamma di sapori e influenze, tra cui le spezie arabe, le erbe mediterranee e le verdure locali. | piatti tipici della Sicilia includono la pasta con le sarde, l'arancina (una palla di riso ripiena di carne o formaggio), la caponata (un piatto di verdure in agrodolce) e la cassata (un dolce tipico siciliano).

La cucina siciliana si basa su ingredienti freschi e di alta qualità, spesso coltivati localmente. | piatti tipici della cucina siciliana riflettono la varietà di influenze culturali che hanno plasmato l'isola nel corso dei secoli.

Uno dei piatti più iconici della cucina siciliana è la pasta con le sarde, una pasta condita con sarde fresche, uvetta, pinoli, cipolla, finocchietto selvatico e mollica di pane tostata. Questo piatto è un esempio della forte influenza araba sulla cucina siciliana, con la combinazione di sapori dolci e salati tipica della cucina mediorientale.

L'arancina è un altro piatto tipico della cucina siciliana. Si tratta di una palla di riso fritta e ripiena di carne, formaggio o verdure. L'origine dell'arancina è incerta, ma si pensa che abbia origini arabe. In Sicilia, ci sono molte varianti regionali dell'arancina, tra cui quella di Palermo, ripiena di ragù di carne e piselli.

La caponata è un piatto di verdure in agrodolce, a base di melanzane, pomodori, cipolla, sedano, olive, capperi e aceto balsamico. Questo piatto è spesso servito come antipasto o contorno e si dice che abbia avuto origine nella cucina ebraica siciliana.

Infine, la cassata è un dolce tipico siciliano a base di ricotta, zucchero, frutta candita e pasta di mandorle. La cassata è spesso decorata con marzapane e zucchero a velo e viene servita durante le festività religiose in Sicilia.

In sintesi, la cucina siciliana è caratterizzata da una vasta gamma di sapori e influenze culturali che hanno contribuito a creare piatti unici e deliziosi. La cucina siciliana rappresenta una vera esperienza gastronomica che vale la pena provare per apprezzare appieno la cultura e la storia dell'isola.

Oltre alla sua cultura e cucina, la Sicilia è anche famosa per i suoi paesaggi mozzafiato. L'isola è circondata dal mare cristallino e presenta numerose spiagge, tra cui la Spiaggia dei Conigli, votata come una delle migliori spiagge al mondo. La Sicilia è anche l'ideale per chi ama le escursioni, con il Monte Etna, un vulcano attivo, che offre spettacolari sentieri escursionistici e panorami mozzafiato.

Il Monte Etna è uno dei vulcani più attivi al mondo e il più alto in Europa, con una elevazione di 3.329 metri. L'Etna è un'importante attrazione turistica e offre ai visitatori una vasta gamma di attività all'aperto, tra cui l'escursionismo, l'arrampicata e il mountain biking. Ci sono numerosi sentieri escursionistici che attraversano il parco dell'Etna, che offrono panorami spettacolari sulla costa e sull'entroterra della Sicilia.

Inoltre, la Sicilia ha anche numerose riserve naturali, tra cui la Riserva Naturale dello Zingaro e la Riserva Naturale Orientata Cavagrande del Cassibile, che offrono un'esperienza immersiva nella natura e la possibilità di fare trekking, nuoto e birdwatching.

Infine, la Sicilia è un'isola ricca di storia e di tradizioni. Ci sono numerose città e villaggi che conservano il loro patrimonio culturale e architettonico, come la città di Siracusa, con il suo antico teatro greco, e la città di Taormina, con il suo anfiteatro romano e la splendida vista sul mare. Inoltre, la Sicilia è famosa per le sue feste e le sue tradizioni religiose, come la festa di Sant'Agata a Catania e la Settimana Santa a Enna.

La Sicilia offre molte attrazioni storiche e culturali che rappresentano la ricca storia dell'isola. Le rovine di Segesta, ad esempio, sono un sito archeologico impressionante che risale al V secolo a.C. Qui è possibile ammirare un antico tempio greco, un teatro e altri edifici antichi.

Il Tempio di Selinunte, invece, è uno dei siti archeologici più grandi e meglio conservati dell'isola, con numerosi templi, mura, case e altre strutture antiche che risalgono al periodo greco.

La Valle dei Templi ad Agrigento è un altro sito archeologico importante, che comprende alcuni dei migliori esempi di architettura greca al mondo. Qui si trovano anche le famose statue dei Telamoni, grandi figure maschili che sostengono il peso del tempio.

Per quanto riguarda le tradizioni folkloristiche, il Carnevale di Acireale è una celebrazione colorata e vivace che si svolge ogni anno a febbraio. Le strade della città si riempiono di ballerini, musicisti e sfilate di carri allegorici. La Settimana Santa a Trapani è invece una celebrazione religiosa che si svolge durante la settimana che precede la Pasqua, con processioni di statue religiose che attraversano le strade della città.

In ogni caso, visitare la Sicilia significa immergersi in una cultura e in una storia uniche, con una varietà di attrazioni che soddisferanno ogni tipo di interesse.

CAPITOLO 9 -LE CINQUE TERRE:

I cinque villaggi sulla costa ligure, patrimonio dell'umanità UNESCO

Le Cinque Terre sono un gruppo di cinque pittoreschi villaggi situati sulla costa ligure, nella regione nordoccidentale dell'Italia. I cinque villaggi sono Monterosso al Mare, Vernazza, Corniglia, Manarola e Riomaggiore, e sono stati dichiarati Patrimonio dell'Umanità UNESCO nel 1997.

Ogni villaggio ha il suo fascino unico e offre viste spettacolari sulla costa ligure. Monterosso al Mare è il più grande dei cinque villaggi ed è conosciuto per la sua spiaggia sabbiosa e il centro storico medievale. Vernazza è considerato uno dei villaggi più belli e pittoreschi delle

Cinque Terre, con le sue casette colorate che si affacciano sul porto.

Corniglia è il villaggio più tranquillo e pittoresco delle Cinque Terre, situato sulla cima di una scogliera con vista panoramica sul mare. Questo villaggio è caratterizzato da stretti vicoli lastricati e da un'atmosfera rilassante e autentica.

Manarola è famosa per le sue case colorate e per la sua marina pittoresca. In questo villaggio, gli abitanti del posto sono famosi per l'arte della pesca e la produzione di vino locale, il famoso Sciacchetrà.

Riomaggiore è l'ultimo villaggio delle Cinque Terre ed è caratterizzato dalle sue case colorate, il suo porto e la torre medievale di guardia. Qui è possibile camminare lungo la scogliera e godere di una vista spettacolare sulle colline e sul mare.

La migliore esperienza delle Cinque Terre è esplorare i villaggi a piedi o in barca, ammirando le case colorate, le stradine strette e le viste panoramiche sulla costa. Ci sono anche molti sentieri escursionistici che collegano i villaggi, tra cui il Sentiero Azzurro, un sentiero panoramico che corre lungo la costa e offre viste spettacolari sulla costa ligure.

Il Sentiero Azzurro è un famoso percorso escursionistico che collega tutti e cinque i villaggi delle Cinque Terre. Il sentiero offre una vista spettacolare sulla costa ligure e permette di ammirare la bellezza naturale della zona. ll sentiero è lungo circa 12 km ed è diviso in quattro sezioni: Riomaggiore-Manarola, ManarolaCorniglia, Corniglia-Vernazza e Vernazza-Monterosso.

In passato, il Sentiero Azzurro era una via di comunicazione importante tra i villaggi, ma oggi è diventato una popolare attrazione turistica. Il sentiero è aperto tutto l'anno, ma alcune sezioni possono essere chiuse in caso di maltempo o di lavori di manutenzione. E importante indossare scarpe comode e portare acqua e cibo per il percorso, in quanto non ci sono molte opportunità di acquistare rifornimenti lungo il sentiero.

In alternativa, si può scegliere di esplorare i villaggi delle Cinque Terre in barca. Ci sono numerose escursioni in barca che partono da ogni villaggio e offrono una vista unica della costa ligure. Durante il viaggio in barca, si possono ammirare le case colorate dei villaggi, le scogliere a picco sul mare e le grotte nascoste lungo la costa.

La cucina delle Cinque Terre è influenzata dal mare e dalla tradizione ligure. | piatti tipici includono la focaccia ligure, il pesto alla genovese e la trofie al pesto, una pasta a forma di piccoli gnocchi servita con salsa al basilico. La zona è anche famosa per il suo vino bianco, tra cui il Vermentino e il Pigato.

La cucina delle Cinque Terre è caratterizzata dalla sua semplicità e genuinità. Oltre ai piatti tipici menzionati, vi sono anche altre specialità che vale la pena provare durante una visita ai villaggi, come il pansoti al sugo di noci, un tipo di pasta ripiena servita con una salsa a base di noci, e la farinata, una sorta di focaccia a base di farina di ceci.

La zona è anche famosa per la sua produzione di olio d'oliva, che viene utilizzato ampiamente nella cucina locale. La varietà di olive più comune nella zona è la Taggiasca, nota per il suo sapore delicato e fruttato. Il pesce fresco è anche una specialità della cucina locale, con una vasta scelta di piatti a base di pesce tra cui scegliere.

Per quanto riguarda i vini, le Cinque Terre producono principalmente vini bianchi secchi a base di uve locali, tra cui il Vermentino, il Pigato e la Bosco. Ci sono anche vini rossi prodotti nella zona, come il Rossese di Dolceacqua, un vino rosso intenso prodotto nella vicina regione della Liguria.

In generale, la cucina delle Cinque Terre è semplice e genuina, utilizzando ingredienti locali freschi e di alta qualità. Vale la pena provare i piatti tipici durante una visita ai villaggi per immergersi completamente nella cultura e nella tradizione culinaria della zona.

Inoltre, le Cinque Terre offrono numerosi punti panoramici e sentieri escursionistici, tra cui il sentiero Via dell'Amore, che collega Riomaggiore a Manarola e offre una vista spettacolare sulla costa. Ci sono anche numerose spiagge incontaminate da esplorare, come la spiaggia di Guvano, accessibile solo tramite un sentiero escursionistico.

infatti, le Cinque Terre offrono ai visitatori la possibilità di immergersi nella natura e scoprire alcune delle zone costiere più belle d'Italia. Il sentiero di Via dell'Amore è molto popolare tra i turisti e gli escursionisti, ma ci sono anche altri sentieri meno conosciuti che offrono esperienze uniche e panorami spettacolari, come il Sentiero delle Creuze, il Sentiero delle Cinque Terre e il Sentiero delle Santelle.

Le spiagge delle Cinque Terre sono un'altra attrazione popolare, con alcune delle spiagge più belle e intime della Liguria. Oltre alla spiaggia di Guvano, menzionata in precedenza, c'è la spiaggia di Corniglia, una piccola spiaggia di ciottoli circondata da scogliere e accessibile solo tramite una scalinata ripida.

Inoltre, le Cinque Terre offrono molte altre attività, come l'esplorazione di castelli e torri di avvistamento medievali, la visita di parchi naturali e la partecipazione a feste tradizionali locali. La festa del patrono di Monterosso, San Giovanni Battista, è una delle feste più importanti della regione e si svolge ogni anno il 24 giugno. Durante la festa ci sono processioni, concerti e fuochi d'artificio.

In sintesi, le Cinque Terre sono una destinazione ideale per coloro che cercano di immergersi nella bellezza naturale e culturale dell'Italia. Le casette colorate, i panorami spettacolari, la cucina deliziosa e l'atmosfera rilassante rendono questa zona unica e indimenticabile.

CAPITOLO 10 - LA VALLE D'AOSTA:

Una regione montuosa piena di attività all'aria aperta e di artefatti romani

La Valle d'Aosta è una regione montuosa situata nel nord-ovest dell'Italia, al confine con la Francia e la Svizzera. La regione offre numerose attività all'aria aperta, tra cui escursioni in montagna, sci e snowboard, rafting e canyoning. Inoltre, la regione è famosa per la sua ricca eredità storica e culturale, tra cui numerosi artefatti romani e medievali.

La Valle d'Aosta è un paradiso per gli amanti della natura e delle attività all'aria aperta. La regione presenta un'ampia varietà di paesaggi spettacolari, che possono essere esplorati attraverso i numerosi sentieri escursionistici. Ci sono molti percorsi di diverse difficoltà, che consentono di esplorare le cime delle Alpi, le valli, i boschi e i prati alpini. | sentieri offrono panorami mozzafiato e sono un'ottima opportunità per avvicinarsi alla flora e alla fauna della regione.

In inverno, la Valle d'Aosta diventa una meta preferita per gli appassionati di sci. La regione offre numerose stazioni sciistiche, come Courmayeur, La Thuile e Cervinia, che offrono piste per tutti i livelli di abilità. Inoltre, la Valle d'Aosta ospita numerosi eventi sciistici durante l'inverno, tra cui la Coppa del Mondo di sci alpino a Courmayeur.

In estate, la regione offre numerose attività all'aria aperta, tra cui il trekking, l'arrampicata, la mountain bike e il rafting. Inoltre, la Valle d'Aosta è famosa per le sue terme, tra cui le terme di Pré-SaintDidier e le terme di Saint-Vincent, che offrono una pausa rilassante dopo una giornata di attività.

Inoltre, la Valle d'Aosta ha una ricca storia romana, con numerosi siti archeologici da visitare. Tra i principali siti romani ci sono il Teatro Romano e l'Arco di Augusto ad Aosta, che testimoniano l'importanza della regione durante l'Impero Romano. Inoltre, la regione ha una forte tradizione culinaria, con piatti come la fonduta, la raclette e la polenta serviti nei ristoranti locali.

La Valle d'Aosta è anche nota peri suoi castelli e fortezze medievali, tra cui il Castello di Fénis, il Castello di Issogne e il Forte di Bard. La regione ospita anche numerose rovine romane, tra cui il Teatro Romano di Aosta e il Ponte Romano di Pont-Saint-Martin.

Un paradiso per gli amanti della natura e delle attività all'aria aperta. La regione presenta un'ampia varietà di paesaggi spettacolari, che possono essere esplorati attraverso i numerosi sentieri escursionistici. Ci sono molti percorsi di diverse difficoltà, che consentono di esplorare le cime delle Alpi, le valli, i boschi e i prati alpini. | sentieri offrono panorami mozzafiato e sono un'ottima opportunità per avvicinarsi alla flora e alla fauna della regione.

In inverno, la Valle d'Aosta diventa una meta preferita per gli appassionati di sci. La regione offre numerose stazioni sciistiche, come Courmayeur, La Thuile e Cervinia, che offrono piste per tutti i livelli di abilità. Inoltre, la Valle d'Aosta ospita numerosi eventi sciistici durante l'inverno, tra cui la Coppa del Mondo di sci alpino a Courmayeur.

In estate, la regione offre numerose attività all'aria aperta, tra cui il trekking, l'arrampicata, la mountain bike e il rafting. Inoltre, la Valle d'Aosta è famosa per le sue terme, tra cui le terme di Pré-SaintDidier e le terme di Saint-Vincent, che offrono una pausa rilassante dopo una giornata di attività.

Inoltre, la Valle d'Aosta ha una ricca storia romana, con numerosi siti archeologici da visitare. Tra i principali siti romani ci sono il Teatro Romano e l'Arco di Augusto ad Aosta, che testimoniano l'importanza della regione durante l'Impero Romano. Inoltre, la regione ha una forte tradizione culinaria, con piatti come la fonduta, la raclette e la polenta serviti nei ristoranti locali.

La cucina della Valle d'Aosta è molto ricca e prevede molti piatti a base di prodotti locali. Oltre alla fonduta e alla polenta concia, altri piatti tipici della regione includono la carbonada, uno stufato di carne cotto con vino rosso, cipolle e spezie, e la bagna cauda, una salsa di acciughe servita con verdure crude.

Inoltre, la regione è famosa per i suoi formaggi, tra cui la Fontina, un formaggio semiduro prodotto con latte vaccino, e il FrFomadzo, un formaggio a pasta dura prodotto con latte di capra. | salumi tipici includono la mocetta, la pancetta e la Jambon de Bosses, un prosciutto crudo stagionato.

Per quanto riguarda i dolci, la Valle d'Aosta è nota per la Tarte Tatin, una torta di mele caramellate, e la torta di noci, una crostata farcita con noci e miele. Inoltre, la regione produce anche un liquore tipico, il Genepy, un amaro a base di erbe aromatiche che viene spesso servito come digestivo dopo i pasti.

In sintesi, la Valle d'Aosta offre una varietà di attività all'aria aperta, paesaggi spettacolari e un'importante eredità storica e culturale, rendendola una meta ideale per coloro che desiderano esplorare la natura e la storia dell'Italia.

CAPITOLO 11 - CONCLUSIONI:

Comecombinare queste destinazioni in un viaggio indimenticabile in Italia e alcune altre risorse utili per i viaggiatori.

Successivamente, mi sposterei verso ovest per le Cinque Terre, ammirando i suoi villaggi pittoreschi e le sue viste panoramiche sulla costa. Infine, concluderei il viaggio nella Valle d'Aosta, esplorando le montagne e le valli, visitando castelli e fortezze medievali e gustando la sua deliziosa cucina locale.

Prima di partire per l'Italia, assicurati di aver pianificato con cura il tuo viaggio, prenotando alloggi, mezzi di trasporto e attività con anticipo. Ricorda anche di verificare i requisiti di viaggio per l'Italia, come i documenti necessari e le restrizioni in vigore.

Per viaggiare in Italia, ai cittadini di molti paesi, compresi gli Stati Uniti, è richiesto un passaporto valido per almeno sei mesi dopo la data di arrivo in Italia. Alcuni paesi, come gli Stati Uniti, richiedono anche un visto. Tuttavia, i cittadini dell'Unione Europea e di alcuni altri paesi possono viaggiare in Italia senza visto per soggiorni fino a 90 giorni.

È importante anche verificare le restrizioni in vigore, in quanto possono variare in base all'epidemia e alle politiche locali.

Una volta arrivati in Italia, ci sono molte opzioni per viaggiare tra le destinazioni. Il sistema ferroviario italiano è efficiente e copre gran parte del paese, rendendo facile spostarsi da una città all'altra. Tuttavia, per raggiungere alcune delle destinazioni menzionate in questo libro, può essere necessario noleggiare un'auto o prendere un autobus.

Per ulteriori informazioni sulla pianificazione del tuo viaggio in Italia, puoi consultare le risorse fornite dal sito ufficiale del turismo italiano, dall'Ufficio del Turismo della Toscana e dall'Associazione Cinque Terre.

Il sito ufficiale del turismo italiano, Italia.it, è una risorsa completa per i viaggiatori che desiderano scoprire le bellezze dell'Italia. Il sito offre informazioni su destinazioni turistiche, eventi, cultura e gastronomia, nonché informazioni pratiche sulle attività di viaggio, i trasporti, i visti e molto altro. Inoltre, il sito fornisce anche informazioni sulle misure di sicurezza in vigore per il COVID-19 e come queste potrebbero influenzare il tuo viaggio.

L'Ufficio del Turismo della Toscana è un'ottima risorsa per i viaggiatori che desiderano esplorare la regione della Toscana. ll sito web offre informazioni sulla cultura, la storia, la gastronomia e le attività turistiche della regione, nonché informazioni pratiche sui trasporti, le prenotazioni e altro ancora.

L'Associazione Cinque Terre è un'organizzazione senza scopo di lucro che si dedica alla promozione e alla conservazione dei cinque villaggi delle Cinque Terre. Il sito web offre informazioni sulle attività turistiche, la storia e la cultura dei villaggi, nonché informazioni pratiche sui trasporti, le prenotazioni e altro ancora. Inoltre, l'Associazione offre anche informazioni sulle attività di conservazione e sull'impatto del turismo sulla regione.

In definitiva, l'Italia offre una vasta gamma di destinazioni turistiche, ciascuna con la propria bellezza, cultura e gastronomia uniche. Con una pianificazione adeguata, i viaggiatori possono combinare diverse destinazioni in un viaggio indimenticabile, che includa sia le città più famose che le gemme nascoste del paese. Con le risorse disponibili, i viaggiatori possono facilmente pianificare il loro viaggio in Italia e scoprire tutto ciò che questo splendido paese ha da offrire.

Dalle opere d'arte di Firenze alla bellezza naturale della Valle d'Aosta, dalle spiagge delle Cinque Terre ai tesori archeologici di Roma, questo libro copre una vasta gamma di luoghi e attività che soddisferanno ogni tipo di viaggiatore.

Se hai già visitato l'Italia e ami questo meraviglioso paese, perché non consigli questo libro ai tuoi amici o parenti che pianificano un viaggio? In alternativa, potresti anche considerare di regalare questo libro come idea regalo per un amante dell'Italia o per qualcuno che desidera scoprire la cultura e la storia del paese. Speriamo che questo libro ti ispiri e ti aiuti a pianificare un viaggio indimenticabile in Italia. Buon viaggio!

www.ingramcontent.com/pod-product-compliance
Lightning Source LLC
Chambersburg PA
CBHW071100250726
48662CB00019B/1530